小普羅藝術叢書

有了喜歡的顏色　有了豐富的創意

孩子，你更需要無邊無際的恣彩天空！

・我喜歡系列・

我喜歡紅色	我喜歡棕色	我喜歡黃色	我喜歡綠色	我喜歡藍色	我喜歡白色和黑色

・創意小畫家系列・

蠟　筆	水　彩	色鉛筆	粉彩筆	彩色筆	廣告顏料
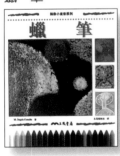					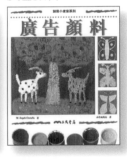

・小畫家的天空系列・

動物畫	風景畫	靜物畫

小畫家的天空系列

風景畫

Montserrat Llongueras
Cristina Picazo 著
Anna Sadurní
三民書局編輯部 譯

三民書局

國家圖書館出版品預行編目資料

風景畫 / Montserrat Llongueras,Cristina Picazo,
Anna Sadurní著;三民書局編輯部譯.
－－二版一刷.－－臺北市：三民，2015
冊；　　公分.－－(小普羅藝術叢書.小畫家的
天空系列)

ISBN 978–957–14–2857–4（精裝）
1.美術－教學法 2.繪畫－西洋－技法

523.37

© 風 景 畫

著 作 人	Montserrat Llongueras
	Cristina Picazo
	Anna Sadurní
譯　　者	三民書局編輯部
發 行 人	劉振強
著作財產權人	三民書局股份有限公司
發 行 所	三民書局股份有限公司
	地址　臺北市復興北路386號
	電話　(02)25006600
	郵撥帳號　0009998–5
門 市 部	(復北店)臺北市復興北路386號
	(重南店)臺北市重慶南路一段61號
出版日期	初版一刷　1998年8月
	二版一刷　2015年5月
編　　號	S 940741

行政院新聞局登記證局版臺業字第○二○○號

有著作權·不准侵害

ISBN　978–957–14–2857–4　（精裝）

http://www.sanmin.com.tw　三民網路書店
※本書如有缺頁、破損或裝訂錯誤，請寄回本公司更換。

目次

帶星號*的字在第48頁
的詞彙中有說明

風景和透視

在這本書裡，我們介紹直線透視法*的基本規則，可以幫助你畫出更真實的風景畫。你也可以把透視應用在畫靜物、人體和其它更多的方面喔！

首先，你需要了解，我們看到的周遭世界是三度空間的：有高度、寬度和深度。舉個例子來說，如果你仔細看看房間裡的衣櫃，會發現它有三種尺寸：從上到下、從左到右、從前到後。這三種尺寸正是符合這個三度空間。

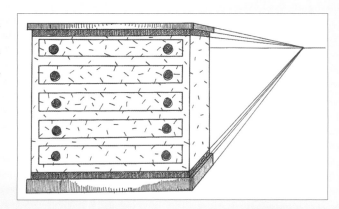

▲ 畫一個有三種尺寸的衣櫃。直線透視法是一種把我們的眼睛在三度空間中看到的物體，表現在只有長度和寬度的紙面上。為了在畫畫中使用透視法，我們需要先熟悉兩個基本概念：地平線*和消失點*。

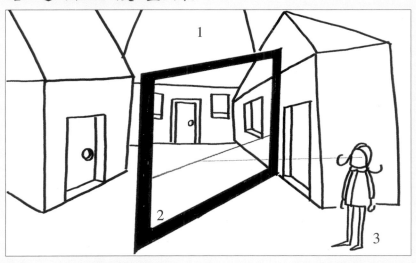

◀ 這裡，有一個景物、一個觀景的框框和一個觀看的人。觀景框框裡的地平線（虛線）正是觀看人眼睛的實際高度。我們可以在紙上畫出一條橫線，來表示我們的眼睛相對於地面的高度。所有的消失點（圖上互相平行的直線），都會聚集在這一條橫線上喔！遠不會交會在一起的。可是，如果我們站在一條不用的鐵軌中間，就會發現情形完全不是這樣子的。我們明明知道鐵軌是互相平行的，可是我們卻看到越遠（越向後面），兩條鐵軌之間的距離越靠近。

▶ 圖片中的兩條鐵軌在遠方的一點上交會。現在你知道了吧！雖然平行線在現實生活中永遠不會交會在一起，可是，我們的眼睛使這些線條看起來好像是聚攏在一個點上呢！它們便是在這個點上，從我們的視線裡消失的。這些消失點可以幫助我們構圖*。

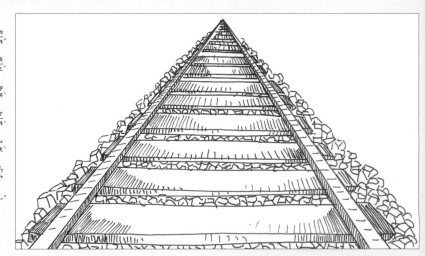

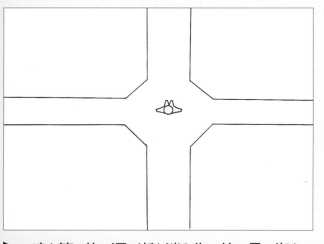

從空中俯看到的人和街道。這個練習會證明紅磚道、窗戶和其它實際上平行的東西，在你看來，都聚攏在這一條總是和你的眼睛一樣高的地平線上了。

◀ 我們先用單點透視，也就是只有一個消失點的透視，來畫一條街道。

▶ 建築物逐漸消失的長街。因為透視的關係，遠方的窗戶看起來比實際上矮一些。其實，任何和你不平行的線，在你看起來都會比實際上短喔！拿起一支鉛筆放到和你的眼睛前方平行的位置。現在，把鉛筆稍微傾斜，把筆尖稍微轉離你一些些。鉛筆看起來是不是比實際上短了呢？是這個新的角度造成了鉛筆前縮*的視覺效果喲！

鉛筆實際長度

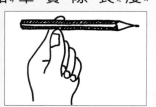

前縮了的鉛筆

▲ 畫鉛筆在平行和傾斜位置的圖。

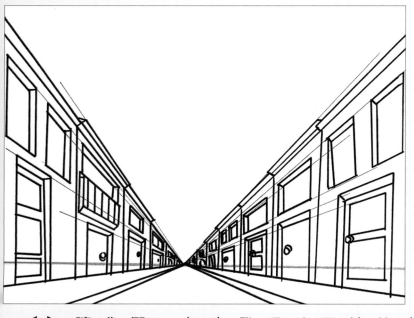

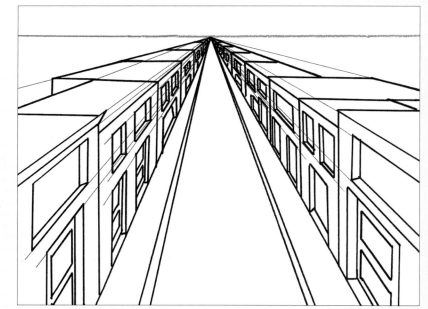

◀▶ 讓我們一起來發現地平線的奧妙吧！我們把地平線提高或降低一些些，注意街道的視覺變化。如果我們畫了一條靠近底部的地平線，畫出來的圖好像是小孩子眼中的世界；可是如果把地平線挪近紙的頂端，就會好像是小鳥從空中俯瞰的一樣。

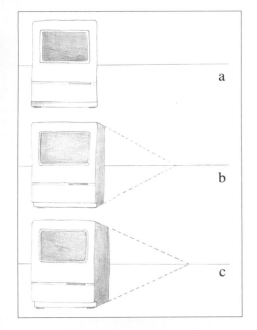

到現在為止，我們只做垂直的移動，也就是在我們畫畫的物體前上下移動。可是如果我們做水平移動，也就是左右移動時，會發生什麼事呢？

站在一個箱子或是電視機前面。你先從右邊看一下，再從左邊看，你看到了什麼呢？

當你站在電視機正前方的時候，因為電視機兩側的消失點直接隱藏在電視機的正後方 (a)，所以你就看不到電視機的兩側了。如果你稍微往右邊移一些，就會看到電視機一部分的側邊喔！在這裡，消失點距離電視機比較近 (b)。如果越往右邊移，你就會看到越多的側邊，電視機和消失點之間的距離也越遠了 (c)。

► 到這裡，你的觀看位置一直都是和物體平行的。但是，假如你觀看的任何一邊都沒有地平線的話，那麼第二個消失點便登場了。讓我們再拿你的衣櫃來當模型吧！你站在衣櫃的一個角落前，好同時能夠看到它的兩邊。

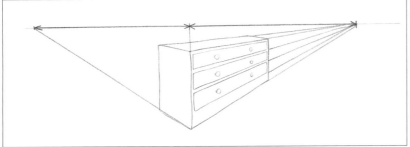

◄ 注意看喔！衣櫃的每一邊都有線條交會在不同的消失點上。

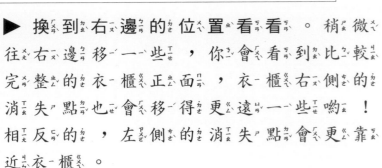

► **換**到右邊的位置看看。稍微往右邊移一些，你會看到比較完整的衣櫃正面，衣櫃右側的消失點也會移得更遠一些喲！相反的，左側的消失點會更靠近衣櫃。

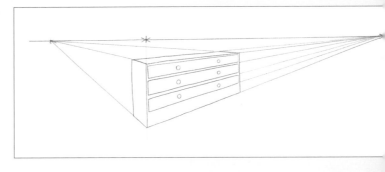

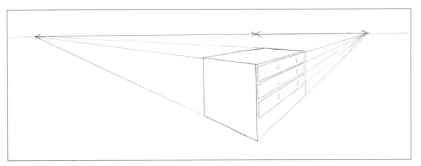

◄ **換**到左邊的位置看看。如果你在另外一邊移動，並且稍微遠離中央往左邊站，便會看到左邊的消失點移得更遠了呢！

我們在這裡介紹的這個透視法，可以幫助你創造出有深度的風景畫喔！

但是，這並不是唯一表現三度空間的方法。你也可以利用顏色來區別物體和你的距離遠近。我們用暖色調——紅色、橘色、黃色、棕色——畫出來的物體，看起來比較接近觀看的人。如果用冷色調——藍色、紫色、綠色——畫出來的物體，看起來就比較遠。

▶ 你也可以利用一種類似我們在照片上看到的效果喔！你可以用清晰、明確的線條畫出距離你比較近的物體；而遠方的物體就用模糊的線條來畫。

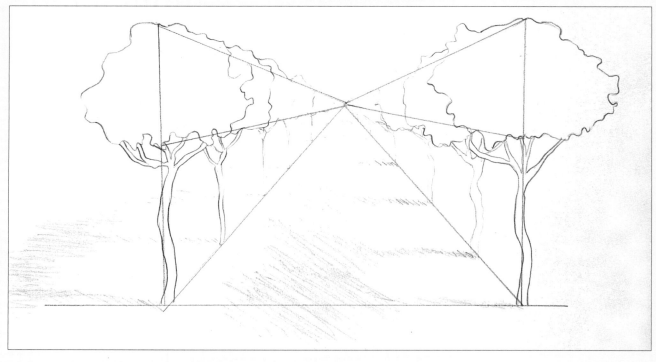

◀ 把透視法和上面的兩種技巧結合起來，你就可以創造出更真實、更生動的圖畫了。

用有圖案的紙拼貼出
一幅街景

圖案的變化越多，圖畫完成以後呈現出來的對比就越大喔！

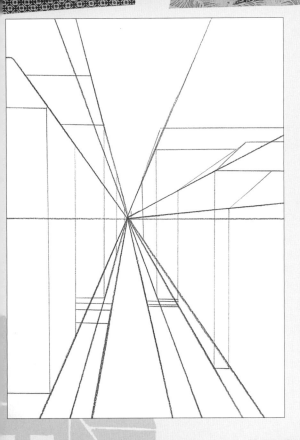

1 畫出只有一個消失點的透視。

2 畫出建築物的大概輪廓。

實用的小祕訣

當我們使用花紋紙的時候，最好先在紙的背面塗上一層膠水。這樣子紙才比較不容易起皺摺。

3 我們把各個部分的形狀輪廓，畫在另外一張要用來做樣張的紙上。接著，剪出每個形狀，要檢查看看，是不是在每個樣張底下都放有花紋紙喔！

4 先覆蓋圖上面積最大的部分。

5 再來，剪出建築物的形狀，然後用漿糊黏上。記住喔！貼在建築物每一面牆的圖案方向都要不一樣。

6 現在，我們加上其它的部分──窗戶、樹木、人行道──這樣子可以加強三度空間的視覺效果喲！

7 最後，再用耐久的麥克筆，把這張畫每個部分的輪廓線畫出來。

用單色調、乾性畫材畫出的河流和小橋

使用蠟筆和鉛筆的組合，可以增加立體的感覺。

留下白色的部分，可以產生明亮的視覺效果。

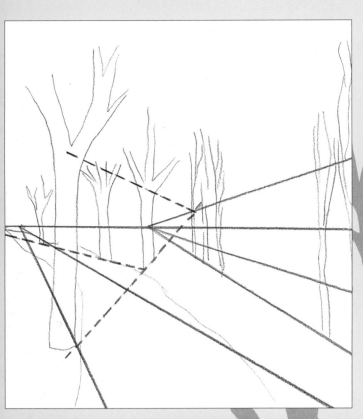

1 用有兩個消失點的透視法來畫風景。

2 畫出草圖，同時注意一下畫面上每個部分的大小比例，也就是說，前景的樹、灌木叢要比在中間和後面的景物大。

實用的小祕訣
我們在選擇顏色的時候，最好選擇色調最寬的顏色。

3 例如，你選擇紫羅蘭的顏色，那就使用你所有乾性畫材（蠟筆、粉彩筆、色鉛筆等等）中，同一種色調的顏色。

5 我ㄨㄛˇ們ㄇㄣˊ先ㄒㄧㄢ把ㄅㄚˇ背ㄅㄟˋ景ㄐㄧㄥˇ塗ㄊㄨˊ上ㄕㄤ˙淺ㄑㄧㄢˇ色ㄙㄜˋ調ㄉㄧㄠˋ，然ㄖㄢˊ後ㄏㄡˋ用ㄩㄥˋ粉ㄈㄣˇ彩ㄘㄞˇ筆ㄅㄧˇ來ㄌㄞˊ著ㄓㄨˋ色ㄙㄜˋ，產ㄔㄢˇ生ㄕㄥ均ㄐㄩㄣ匀ㄩㄣˊ的ㄉㄜ˙效ㄒㄧㄠˋ果ㄍㄨㄛˇ。

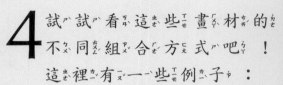

4 試ㄕˋ試ㄕˋ看ㄎㄢˋ這ㄓㄜˋ些ㄒㄧㄝ畫ㄏㄨㄚˋ材ㄘㄞˊ的ㄉㄜ˙不ㄅㄨˋ同ㄊㄨㄥˊ組ㄗㄨˇ合ㄏㄜˊ方ㄈㄤ式ㄕˋ吧ㄅㄚ˙！這ㄓㄜˋ裡ㄌㄧˇ有ㄧㄡˇ一ㄧ些ㄒㄧㄝ例ㄌㄧˋ子ㄗ˙：

a) 粉ㄈㄣˇ彩ㄘㄞˇ筆ㄅㄧˇ加ㄐㄧㄚ細ㄒㄧˋ字ㄗˋ麥ㄇㄞˋ克ㄎㄜˋ筆ㄅㄧˇ

b) 粉ㄈㄣˇ彩ㄘㄞˇ筆ㄅㄧˇ加ㄐㄧㄚ蠟ㄌㄚˋ筆ㄅㄧˇ

c) 色ㄙㄜˋ鉛ㄑㄧㄢ筆ㄅㄧˇ加ㄐㄧㄚ扁ㄅㄧㄢˇ頭ㄊㄡˊ麥ㄇㄞˋ克ㄎㄜˋ筆ㄅㄧˇ

d) 蠟ㄌㄚˋ筆ㄅㄧˇ加ㄐㄧㄚ扁ㄅㄧㄢˇ頭ㄊㄡˊ麥ㄇㄞˋ克ㄎㄜˋ筆ㄅㄧˇ

e) 扁ㄅㄧㄢˇ頭ㄊㄡˊ麥ㄇㄞˋ克ㄎㄜˋ筆ㄅㄧˇ加ㄐㄧㄚ粉ㄈㄣˇ彩ㄘㄞˇ筆ㄅㄧˇ

f) 蠟ㄌㄚˋ筆ㄅㄧˇ加ㄐㄧㄚ色ㄙㄜˋ鉛ㄑㄧㄢ筆ㄅㄧˇ

g) 蠟ㄌㄚˋ筆ㄅㄧˇ加ㄐㄧㄚ扁ㄅㄧㄢˇ頭ㄊㄡˊ麥ㄇㄞˋ克ㄎㄜˋ筆ㄅㄧˇ

h) 扁ㄅㄧㄢˇ頭ㄊㄡˊ麥ㄇㄞˋ克ㄎㄜˋ筆ㄅㄧˇ加ㄐㄧㄚ細ㄒㄧˋ字ㄗˋ麥ㄇㄞˋ克ㄎㄜˋ筆ㄅㄧˇ

a  b

c  d

e  f

g  h

6 其ㄑㄧˊ它ㄊㄚ部ㄅㄨˋ分ㄈㄣˋ使ㄕˇ用ㄩㄥˋ不ㄅㄨˋ同ㄊㄨㄥˊ的ㄉㄜ˙畫ㄏㄨㄚˋ材ㄘㄞˊ。

7 在ㄗㄞˋ先ㄒㄧㄢ前ㄑㄧㄢˊ單ㄉㄢ調ㄉㄧㄠˋ的ㄉㄜ˙顏ㄧㄢˊ色ㄙㄜˋ上ㄕㄤˋ，加ㄐㄧㄚ上ㄕㄤˋ我ㄨㄛˇ們ㄇㄣˊ創ㄔㄨㄤˋ造ㄗㄠˋ的ㄉㄜ˙圖ㄊㄨˊ案ㄢˋ或ㄏㄨㄛˋ是ㄕˋ紋ㄨㄣˊ路ㄌㄨˋ*。

用墨水在水彩紙上畫出的小巷子

隨著視線在遠方消失，小細部就會變得比較不清楚喔！

任何狹窄的街道，都是我們畫畫的好對象。

1 先畫出透視線來。

畫材和技巧

為了避免水彩紙在畫畫的時候捲起來，我們可以先用圖釘或是膠帶，把紙的四個角落固定在木板或是其它堅固的物體上，再用刷子蘸一些水，把紙張的表面弄溼。等乾了以後，我們就可以開始畫畫了。

2 畫出大概的輪廓。記住喔！窗戶、門以及其它在牆上物體的透視線，也會消失在透視點上。

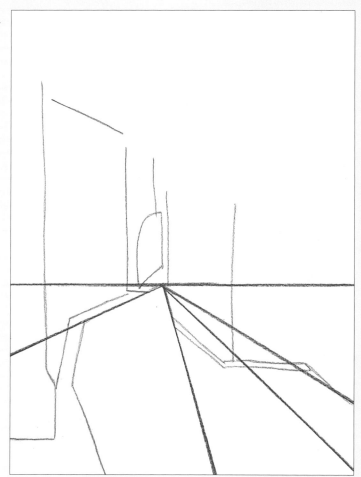

3 畫一、兩張草圖，想像不同方向的光源，並且根據不同方向的光源來改變陰影和光亮的部分。

4 用水稀釋墨水，然後，把我們打算使用的各種不同濃淡的灰色調，做成一個調色盤。

5 著色的時候，第一件事就是在每個部分塗上一種色調，等到先前塗的顏色乾了以後，才能塗第二種色調。

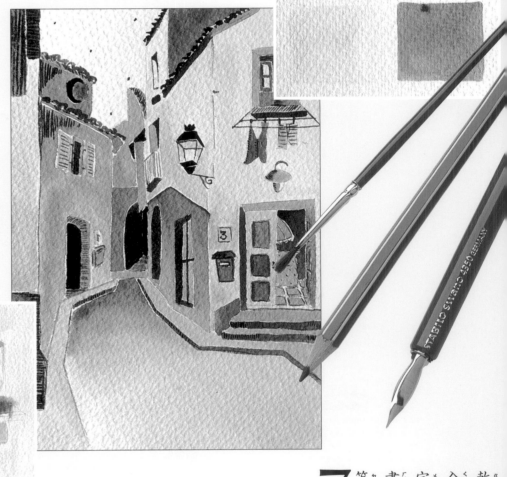

6 或者，也可以馬上把所有的部分都塗上顏色，不用考慮這些溼溼的顏色是不是會和其它的顏色混在一起。

7 等畫完全乾了以後，再用小號的水彩筆、極細的麥克筆、鋼筆、或是其它的工具，來畫出細部。

用點描＊的方法
畫出的小島

選擇一個面積大、空間開放的主題。

把同色系不同的顏色組合在一起，色調的變化會更加豐富喔！

畫材和技巧

因為麥克筆能畫出比較乾淨、比較清楚的線條，所以點描畫家的技巧最適合用麥克筆來表現了。

1 先畫出草圖和透視線來。

2 接下來，運用透視，試試看畫出這張畫裡其它部分的相對大小：前景的葉子和植物看起來會比中景的物體（建築物和海灘）大喔！

3 使用壓克力顏料來創造不同的點描技巧。例如：(a) 先在背景點上單一的顏色，等乾了以後，再加上同一個色調比較深的顏色。(b) 選擇兩種色調交錯點上，顏色便會混合在一起了。(c) 整個背景只用一個顏色，等乾了以後，再加上同一個色系比較深的顏色。(d) 背景用淺色的，在頂部用比較深的顏色來表示陰影，這些陰影便會產生比 (a) 還強烈的對比。(e) 使用色調濃淡法*；這裡，我們在黃色上面再加上橘色。(f) 塗兩層顏色。第一層塗上淺色的，趁它還沒有乾的時候，再點上另外一個不同的色調。

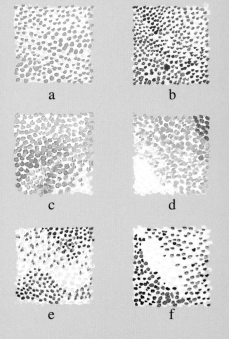

a

b

c

d

e

f

4 先從背景開始，使用天空藍的色調。

5 第二層用同一個色調比較深的顏色，這樣子背景便完成了。這個步驟不僅使這張畫產生了動的感覺，增加了物體的立體效果，而且也暗示了陰影的存在呢！

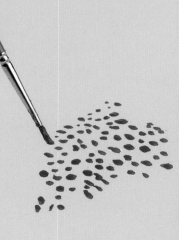

6 用同樣的方法來完成其它的部分。

7 如果你喜歡現有的效果，那就可以省略這個步驟。不然的話，你可以用一枝細毛筆來加強某些細部。

用粉彩筆在牛皮紙上畫出的屋頂

為了避免過分裝飾這幅圖畫，有一些部分不要著色。

1 先畫出建築物的基本幾何形狀。

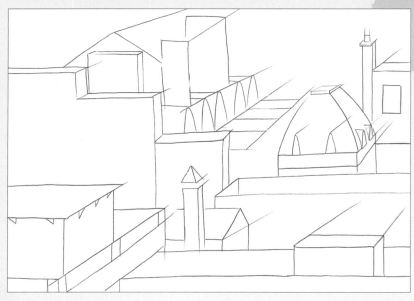

2 完成草圖的細部和構圖。

畫材和技巧

為了使圖畫保持乾淨，要儘量避免把手放在紙上喔！如果你很難做到這一點，那最好在圖畫上噴上一層保護膠*。如果不小心弄髒了，可以用橡皮擦擦掉不要的顏色。

3 選擇一個有限定範圍的色系。在這裡，我們只用了三種顏色：綠色、橘色、粉紅色以及和這三種顏色同一個色系的其它兩種顏色。

4 在著色以前，先決定光線的方向。在這些圖裡，光線是從前方來的，就像箭頭指示的。所以，這些建築物前方牆壁的顏色會比側邊的淺一些喔！

5 為了避免弄混顏色，先用你選出的顏色來畫面光的牆壁。把粉彩筆的筆尖削尖，可以使你畫得更精準一些喔！在砂紙上摩擦一下，便可以把粉彩筆的筆尖削尖。

6 接下來，用比先前還深的顏色，來畫側邊的牆壁。

7 天空的部分，用棉花球把顏色推開。
畫好以後，在整幅畫噴上一層保護膠
或是髮膠。

用蛋彩畫的紋路畫出的檸檬樹

前景的紋路比較厚，和其它部分比起來，刻紋也比較深。

紋路能同時產生動感和立體的效果喲！

1 我ˇˇˇ們ˊ來ˊ畫ˋˋ一ˇ幅ˊ前ˊˊ景ˇ有ˇ樹ˋ，中ˊˊ景ˇ有ˇ山ˊ，背ˇˇ景ˇ是ˋ天ˋ空ˋˋ的ˊ風ˊ景ˇ畫ˋ。

畫ˋ材ˊ和ˊ技ˋ巧ˇ

當ˋ我ˇˇ們ˊ把ˇ顏ˊ料ˋˋ和ˊ乾ˋ料ˋˋ混ˋ合ˊ，近ˋˋ景ˇ和ˊ中ˊˊ景ˇ的ˊ平ˊ面ˋˋ用ˋ比ˇ較ˋ粗ˋ的ˊ顆ˋ粒ˋ，遠ˇˇ景ˇ用ˋ比ˇ較ˋ細ˋ的ˊ顆ˋ粒ˋ。不ˋˊ同ˊ的ˊ紋ˊ路ˋ會ˋ讓ˋ你ˇ的ˊ風ˊ景ˇ畫ˋ看ˋ起ˇ來ˊ更ˋ像ˋ真ˋ的ˊ一ˊ樣ˋ呢ˋ！

2 把ˇ畫ˋ移ˊ到ˋ畫ˋ板ˇ上ˋˊ。

3 選ˇ擇ˊ不ˋˊ同ˊ的ˊ材ˊ料ˋˋ來ˊ產ˇ生ˋ不ˋˊ同ˊ的ˊ紋ˊ路ˋ。米ˇ糠ˋ、砂ˋ子ˇˊ、鹽ˊ巴ˋ和ˊ洗ˇ衣ˋ粉ˇ都ˋ是ˋ在ˋ家ˊˊ裡ˇ隨ˊ手ˇ可ˇ以ˇ得ˊ到ˋ帶ˋ有ˇ顆ˋ粒ˋ的ˊ材ˊ料ˋˋ。我ˇˇ們ˊ可ˇ以ˇ把ˇ它ˋ們ˊ混ˋ入ˋ蛋ˋ彩ˇ中ˋ，然ˊˊ後ˋ在ˋ不ˋˊ同ˊ的ˊ紙ˇ上ˋˊ實ˊ驗ˋ看ˋ看ˋ它ˋ們ˊ產ˇ生ˋ出ˋ來ˊ的ˊ效ˋ果ˋ喔ˋ！

4 在紋路佔主要一部分的畫中，我們使用的材料和著色的方法都是很重要的。我們可以使用木湯匙、一邊沒有刀鋒一邊是尖頭的刮刀、以及木條等等，來試試看效果。

5 中景的山用混了砂子的顏料塗抹出紋路。

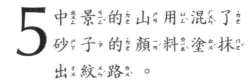

6 我們用混合了鹽巴的顏料來塗背景的天空；把混合了洗衣粉的顏料拿來塗前景的田野。

7 等_{ㄉㄥˇ}第_{ㄉㄧˋ}一層_{ㄘㄥˊ}的_{ㄉㄜ˙}顏_{ㄧㄢˊ}料_{ㄌㄧㄠˋ}乾_{ㄍㄢ}了_{ㄌㄜ˙}以_{ㄧˇ}後_{ㄏㄡˋ}，再_{ㄗㄞˋ}加_{ㄐㄧㄚ}上_{ㄕㄤˋ}樹_{ㄕㄨˋ}木_{ㄇㄨˋ}和_{ㄏㄜˊ}房_{ㄈㄤˊ}子_{ㄗ˙}。

用留白膠和水彩畫出的棕櫚樹

用留白膠保留
亮光的部分以
前,要先決定
光線的方向。

把一些圖案重
疊在一起,可
以增加三度空
間的感覺。

1 我ㄨㄛˇ們ㄇㄣ˙可ㄎㄜˇ以ㄧˇ變ㄅㄧㄢˋ化ㄏㄨㄚˋ棕ㄗㄨㄥ櫚ㄌㄩˊ樹ㄕㄨˋ的ㄉㄜ˙大ㄉㄚˋ小ㄒㄧㄠˇ，來ㄌㄞˊ產ㄔㄢˇ生ㄕㄥ透ㄊㄡˋ視ㄕˋ的ㄉㄜ˙效ㄒㄧㄠˋ果ㄍㄨㄛˇ。前ㄑㄧㄢˊ景ㄐㄧㄥˇ的ㄉㄜ˙樹ㄕㄨˋ木ㄇㄨˋ要ㄧㄠˋ比ㄅㄧˇ背ㄅㄟˋ景ㄐㄧㄥˇ的ㄉㄜ˙樹ㄕㄨˋ木ㄇㄨˋ大ㄉㄚˋ，樹ㄕㄨˋ木ㄇㄨˋ必ㄅㄧˋ須ㄒㄩ隨ㄙㄨㄟˊ著ㄓㄜ˙透ㄊㄡˋ視ㄕˋ線ㄒㄧㄢˋ的ㄉㄜ˙後ㄏㄡˋ退ㄊㄨㄟˋ而ㄦˊ漸ㄐㄧㄢˋ漸ㄐㄧㄢˋ變ㄅㄧㄢˋ小ㄒㄧㄠˇ。選ㄒㄩㄢˇ擇ㄗㄜˊ一ㄧˊ個ㄍㄜˋ能ㄋㄥˊ讓ㄖㄤˋ你ㄋㄧˇ留ㄌㄧㄡˊ白ㄅㄞˊ* 一ㄧˋ些ㄒㄧㄝ部ㄅㄨˋ分ㄈㄣ不ㄅㄨˊ要ㄧㄠˋ著ㄓㄨㄛˊ色ㄙㄜˋ的ㄉㄜ˙主ㄓㄨˇ題ㄊㄧˊ。

實ㄕˊ用ㄩㄥˋ的ㄉㄜ˙小ㄒㄧㄠˇ祕ㄇㄧˋ訣ㄐㄩㄝˊ
紋ㄨㄣˊ路ㄌㄨˋ的ㄉㄜ˙變ㄅㄧㄢˋ化ㄏㄨㄚˋ會ㄏㄨㄟˋ讓ㄖㄤˋ你ㄋㄧˇ的ㄉㄜ˙畫ㄏㄨㄚˋ看ㄎㄢˋ起ㄑㄧˇ來ㄌㄞˊ更ㄍㄥˋ加ㄐㄧㄚ豐ㄈㄥ富ㄈㄨˋ，而ㄦˊ且ㄑㄧㄝˇ更ㄍㄥˋ吸ㄒㄧ引ㄧㄣˇ人ㄖㄣˊ喔ㄛ！多ㄉㄨㄛ看ㄎㄢˋ看ㄎㄢˋ幾ㄐㄧˇ種ㄓㄨㄥˇ有ㄧㄡˇ不ㄅㄨˋ同ㄊㄨㄥˊ紋ㄨㄣˊ路ㄌㄨˋ的ㄉㄜ˙物ㄨˋ體ㄊㄧˇ，試ㄕˋ驗ㄧㄢˋ一ㄧˊ下ㄒㄧㄚˋ它ㄊㄚ們ㄇㄣ˙在ㄗㄞˋ畫ㄏㄨㄚˋ裡ㄌㄧˇ的ㄉㄜ˙效ㄒㄧㄠˋ果ㄍㄨㄛˇ吧ㄅㄚ！

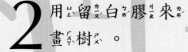

2 用ㄩㄥˋ留ㄌㄧㄡˊ白ㄅㄞˊ膠ㄐㄧㄠ來ㄌㄞˊ畫ㄏㄨㄚˋ樹ㄕㄨˋ。

3 然ㄖㄢˊ後ㄏㄡˋ，用ㄩㄥˋ薄ㄅㄠˊ塗ㄊㄨˊ* 水ㄕㄨㄟˇ彩ㄘㄞˇ的ㄉㄜ˙方ㄈㄤ法ㄈㄚˇ，把ㄅㄚˇ整ㄓㄥˇ張ㄓㄤ紙ㄓˇ塗ㄊㄨˊ滿ㄇㄢˇ。

4 不要除去第一次塗的留白膠。現在，房子也塗上留白膠來遮蓋*，並讓它乾。

5 用比較濃的顏色，把整張紙再薄塗一次。等乾了以後，用手指頭摩擦畫紙，除去留白膠。

6 如果你覺得第一次塗留白膠留下的白色和這張畫的對比太強烈了，那你可以用調得很稀的水彩，淺淺地塗過。

7 等顏料完全乾了以後，再用畫筆加上一些輪廓或是細部。

用棉紙和真正的葉子做成的葡萄藤

一起來享受收集不同類型葉子的樂趣吧！

塗的顏色要和選出來的葉子顏色一樣喔！

畫材和技巧
使用圓頭的小刀把蠟筆削尖，這樣子我們才能畫出俐落的、明確的線條。

1 把葉子晾乾，放在書裡面壓平四到五個星期。

2 畫出葡萄藤或是樹幹。要注意樹幹和葉子的比例喔！在這裡，我們畫的是葡萄藤。

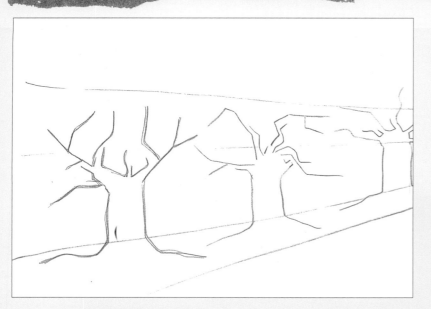

3 畫ㄏㄨㄚˋ出ㄔㄨ你ㄋㄧˇ畫ㄏㄨㄚˋ畫ㄏㄨㄚˋ物ㄨˋ體ㄊㄧˇ的ㄉㄜ˙透ㄊㄡˋ視ㄕˋ線ㄒㄧㄢˋ，我ㄨㄛˇ們ㄇㄣ˙可ㄎㄜˇ以ㄧˇ用ㄩㄥˋ物ㄨˋ體ㄊㄧˇ之ㄓ間ㄐㄧㄢ的ㄉㄜ˙相ㄒㄧㄤ對ㄉㄨㄟˋ大ㄉㄚˋ小ㄒㄧㄠˇ來ㄌㄞˊ表ㄅㄧㄠˇ示ㄕˋ深ㄕㄣ度ㄉㄨˋ。記ㄐㄧˋ得ㄉㄜ˙喲ㄧㄛ˙！離ㄌㄧˊ你ㄋㄧˇ最ㄗㄨㄟˋ近ㄐㄧㄣˋ的ㄉㄜ˙物ㄨˋ體ㄊㄧˇ必ㄅㄧˋ須ㄒㄩ比ㄅㄧˇ最ㄗㄨㄟˋ遠ㄩㄢˇ的ㄉㄜ˙物ㄨˋ體ㄊㄧˇ大ㄉㄚˋ。

4 把ㄅㄚˇ棕ㄗㄨㄥ色ㄙㄜˋ的ㄉㄜ˙棉ㄇㄧㄢˊ紙ㄓˇ黏ㄋㄧㄢˊ在ㄗㄞˋ樹ㄕㄨˋ幹ㄍㄢˋ上ㄕㄤˋ。製ㄓˋ造ㄗㄠˋ一ㄧˋ些ㄒㄧㄝ紙ㄓˇ的ㄉㄜ˙小ㄒㄧㄠˇ摺ㄓㄜˊ曲ㄑㄩ，來ㄌㄞˊ表ㄅㄧㄠˇ示ㄕˋ樹ㄕㄨˋ木ㄇㄨˋ的ㄉㄜ˙紋ㄨㄣˊ路ㄌㄨˋ。

5 用ㄩㄥˋ水ㄕㄨㄟˇ彩ㄘㄞˇ顏ㄧㄢˊ料ㄌㄧㄠˋ塗ㄊㄨˊ上ㄕㄤˋ背ㄅㄟˋ景ㄐㄧㄥˇ的ㄉㄜ˙顏ㄧㄢˊ色ㄙㄜˋ。在ㄗㄞˋ水ㄕㄨㄟˇ裡ㄌㄧˇ加ㄐㄧㄚ入ㄖㄨˋ一ㄧˋ些ㄒㄧㄝ萬ㄨㄢˋ能ㄋㄥˊ白ㄅㄞˊ膠ㄐㄧㄠ。

6 最後，我們把葉子黏到紙上，並且把用水稀釋過的白膠刷在葉子的表面上。

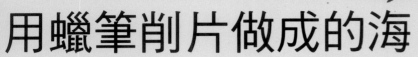

用蠟筆削片做成的海

讓我們一起來混合各種不同的顏色吧！

用打點的技巧在這裡產生出來的效果和點描相似。

1 這裡的構圖不需要太多的細部，因為我們在這裡使用的技巧，不能很精確地著色。

畫材和技巧
請一個大人幫你操作電熨斗。電熨斗不需要太燙喔！當你把電熨斗放在鋁箔紙上的時候，能把蠟筆削片融化就可以了。

2 用削鉛筆機削下蠟筆的碎片；用手指頭把削下來的蠟筆搓成更小的碎片。然後依照不同的顏色，把碎片分成一堆一堆的。

3 先把適當顏色的碎片覆蓋在面積最大的背景部分，再用一張鋁箔紙蓋起來，然後把溫熱的電熨斗放在鋁箔紙上，一直等到蠟筆削片融化為止。等它冷卻了以後，再移開鋁箔紙。

4 重複同樣的步驟，把其它的部分著色。

5 用相同的方法準備另外一張紙，但是這次我們使用顏色和圖中背景對比的蠟筆削片。

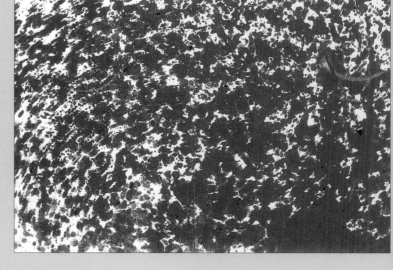

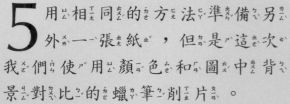

6 在這張紙的背面畫上左右相反的帆船。然後，把它剪下來。

7 最後，我ˇ們˙把ˇ船ˊ黏ˊ到ˋ背ˋ景ˇ上ˋ，再ˋ把ˇ重ˋ物ˋ放ˋ在ˋ完ˊ成ˊ的˙畫ˋ上ˋ來ˊ壓ˋ平ˊ它ˉ。

用麵糰做成的小鎮耶！

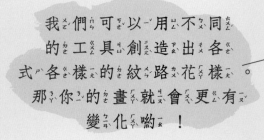

我們可以用不同
的工具創造出各
式各樣的紋路花樣。
那你的畫就會更有
變化喲！

畫裡面相似的
部分只用一種
花樣。

畫材和技巧

如果你在做好麵糰的當天，沒有充裕的時間來完成畫，那就必須用溼布把麵糰包起來，免得麵糰乾掉了。然後，再包一層鋁箔紙放在冰箱裡。別忘了告訴家裡的大人，你正在用麵糰做模型，不然他們拿錯就糟了。

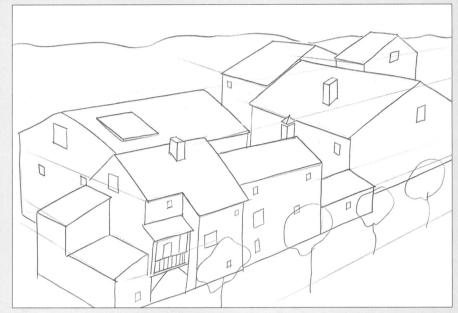

1 畫出我們心裡想像的草圖。在這個範例當中，細部不多的簡單主題是最好的。

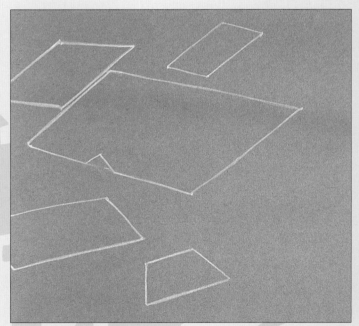

2 選定畫中我們希望用浮雕來表現的部分，然後把它們描在厚紙板上。

3 接下來，依照形狀剪下來當原型。

4 把麵粉、鹽巴、水和白膠依照比例混合，做成麵糰。把麵糰捏成一大一小的兩個球。把小麵糰放在鋪了麵粉的桌子上，然後用擀麵棍擀開來。試試看用不同的工具——叉子、牙籤、原子筆的筆尖、彎曲的電線等等，來做出各式各樣的紋路花樣吧！當你決定了你喜歡的花樣時，把麵糰揉成一團，然後再擀開一次。

5 把剪下來的原型放在擀平的麵糰上面，用刮刀把麵糰沿著模型切開來。切開以後，把屋頂瓷磚紋路的花樣壓印上去。把大麵糰擀平，切成你最初圖畫的版面大小，這張麵皮就是這幅畫的襯底。用原型在這個襯底上把屋頂的位置標示出來；再用白膠把做好紋路的屋頂，一塊塊黏到適當的地方。

6 從第一一個麵糰把煙囪等等的部分切下來，黏到屋頂上。接下來，用麥克筆在襯底上描出房子的輪廓和其它細部。用刮刀來加強比較寬的線條；比較細的線條就用鉛筆的筆尖加強。這裡，我們用原子筆筆蓋扁平的一端來壓按麵糰，用深度來表示開著的窗戶。

7 最後，用麵糰做一些樹木的形狀，黏到襯底上。把整張畫放兩、三天，好讓它變乾。然後，你可以漆上壓克力顏料或是模型漆。等顏料乾了以後，如果你想要讓畫看起來有光滑的感覺，可以再塗上一層用水稀釋過的白膠。

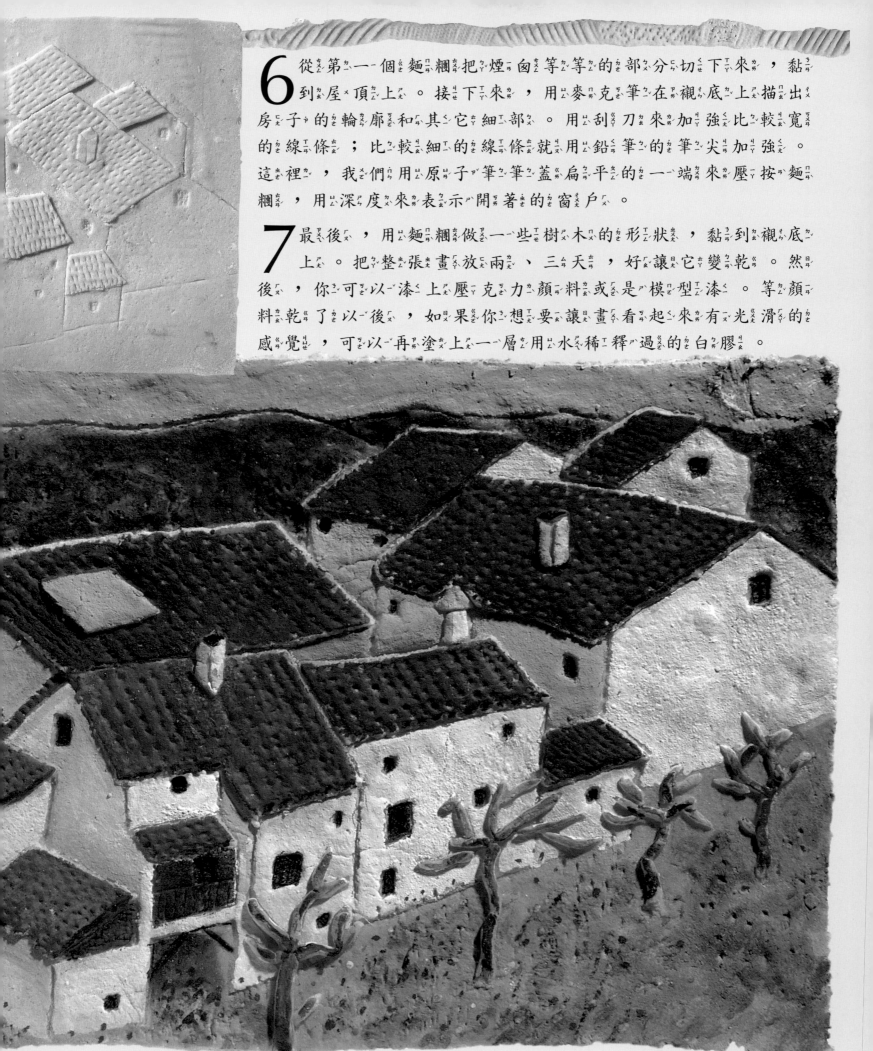

詞彙說明

直線透視法：用來畫風景、靜物和動物的理論。這個理論是以光線從物體的每一點行進到我們眼睛的直線為基礎的。透過這些直線，觀看的人可以隨著距離的變化和觀看點的不同，來獲得物體大小和深度的印象。

地平線：一條來自遠方實際的或想像的線條，穿過景物，與觀看的人正面平行、眼睛同高。

消失點：遠方的點，根據直線透視法的規則，一幅畫裡後退的平行線，看起來都在這裡交會。

構圖：使圖畫中的物體看起來令人愉快的安排。

前縮：物體看起來會變短一些，也就是說，遠方的物體看起來會比實際上小一些，靠近觀看人的物體看起來就會比較大。

紋路：物體的表面看起來或摸起來有皺摺、平滑、或是粗糙等等感覺的構造。

點描：在一幅畫裡，把顏色用點或敲擊的方法塗上，從遠處看，顏色就像混合在一起。

濃淡法：顏色逐漸從濃變化到淡，從淡變到濃也是。

保護膠：一種樹脂，用來防止畫的表面被弄髒了或是因為溼氣受到損壞。

留白：留下一些部分不要塗顏色，紙的白色或其它襯底，會出現又高又亮的效果。

薄塗：用調得很稀的水彩塗上的一層。

遮蓋：用留白膠或是其它材料把圖畫裡的某一個部分遮蓋起來，來防止這個部分被塗上顏色。

風景著色圖習作

53

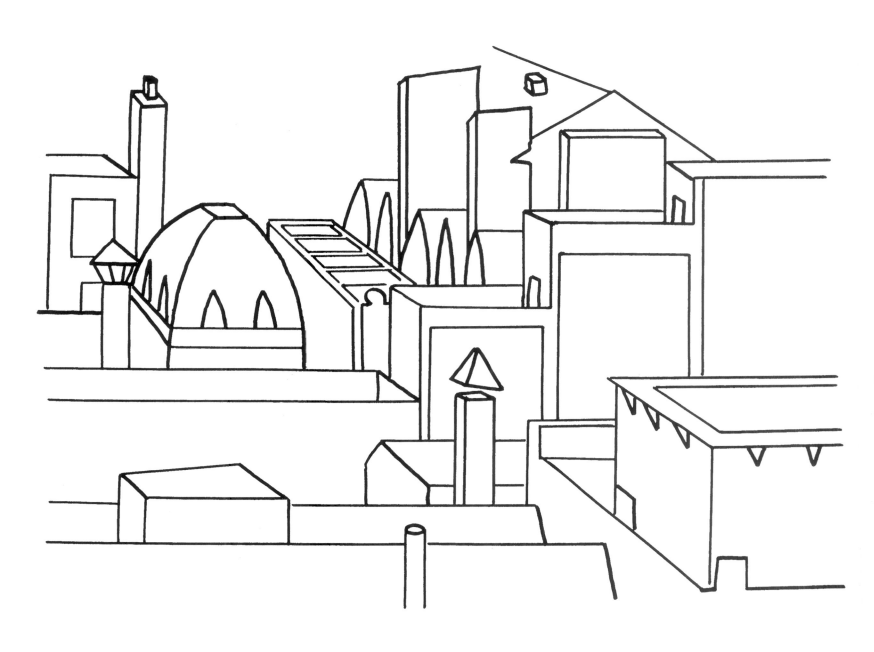

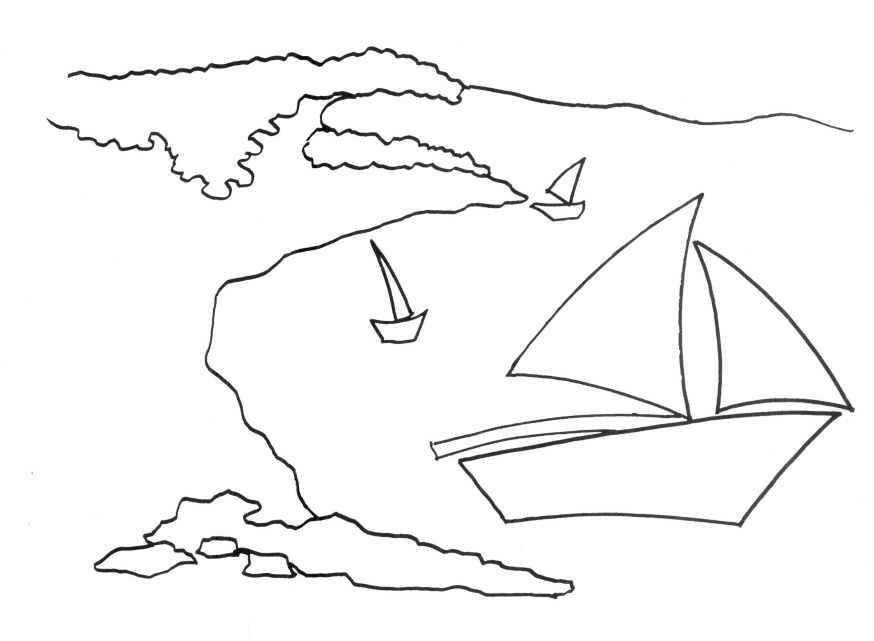

我的動物朋友系列

還記得企鵝寶寶搖搖晃晃的可愛模樣嗎？
曾經被侏儸紀公園的大小恐龍嚇得驚聲尖叫嗎？

藝術的培養其實可以更有趣！

「我的動物朋友系列」提供多樣的創作形式，豐富孩子的藝術創作空間。

這是一套屬於親子共享、讓您愛不釋手的勞作童書，

透過彩繪、拼貼以及捏塑等創作形式，讓小朋友發揮自己的創意，

並利用動物造形來提升小朋友對於動物的認知能力，

對於刺激孩子的想像力和創造力會很有幫助。

一套共八本，精裝，全彩，開本30×24 cm

恐龍大帝國

遨遊天空的世界

海底王國

森林之王

動物農場

馬丁叔叔的花園

森林樂園

極地風光